...iation des artistes.

Explication

des

ouvrages de peinture

exposés à la galerie Bonne-Nouvelle.

4e année.

1849

V

ASSOCIATION DES ARTISTES.

EXPLICATION

DES

OUVRAGES DE PEINTURE

EXPOSÉS A LA GALERIE BONNE-NOUVELLE.

QUATRIÈME ANNÉE.

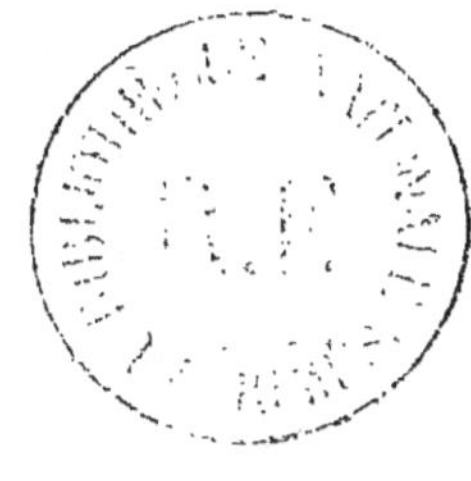

PRIX : 50 C.

PARIS.

IMPRIMERIE DE JULES-JUTEAU ET C°, RUE ST-DENIS, 345.

Avril 1849.

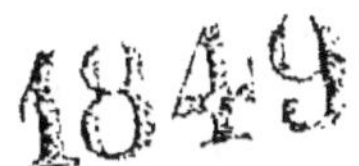

Les œuvres de maîtres des anciennes écoles ont été cataloguées,
quant aux noms d'auteurs, d'après les indications des proprié-
taires.

EXPOSITION

DE

L'ASSOCIATION DES ARTISTES.

ALLORI (Alexandre),

né en 1535, mort en 1607 ; élève de son oncle Angelo Bronzino.

1. Portrait de femme.

(Appartient à M. Rochn père.)

BELLANGÉ (Hippolyte).

2. Bataille de Waterloo.

. . . .
Parmi des tourbillons de flamme et de fumée,
O douleur ! quel spectacle à mes yeux vient s'offrir ?
Le bataillon sacré, seul devant une armée,
    S'arrête pour mourir.

C'est en vain que, surpris d'une vertu si rare,
Les vainqueurs dans leurs mains retiennent le trépas.
Fier de le conquérir, il y court, s'en empare :
La Garde, avait-il dit, *meurt et ne se rend pas !*

On dit qu'en les voyant couchés sur la poussière,
D'un respect douloureux frappé par tant d'exploits,
L'ennemi, l'œil fixé sur leur face guerrière,
Les regarda sans peur pour la première fois.

Les voilà ces héros si long-temps invincibles !
Ils menacent encor leurs vainqueurs étonnés.

Glacés par le trépas, que leurs yeux sont terribles !
Que de hauts faits écrits sur leurs fronts sillonnés !
Ils ont bravé les feux du soleil d'Italie,
    De la Castille ils ont franchi les monts ;
Et le nord les a vus marcher sur les glaçons
Dont l'éternel rempart protège la Russie.
Ils avaient tout dompté... le destin des combats
    Leur devait, après tant de gloire,
Ce qu'aux Français naguère il ne refusait pas :
Le bonheur de mourir en un jour de victoire.

(Casimir DELAVIGNE, Waterloo)

« Un dernier carré, commandé par Cambronne, se maintient encore sur la hauteur entre la Ferme de la Belle-Alliance et la Maison d'Écosse, à quelques pas du mamelon où l'Empereur était demeuré une partie du jour. Seuls de toute l'armée, ces soldats restent immobiles et gardent encore leurs rangs. L'infanterie britannique et l'infanterie prussienne continuent à s'avancer, précédées par une ligne épaisse de cavalerie anglaise, marchant au pas, et poussant devant elle un groupe composé de quelques cavaliers français qui ne se retiraient qu'avec une extrême lenteur. L'Empereur était dans ce groupe, et, comme il ne pouvait s'arracher de ce champ de bataille où il laissait sa fortune, il semblait ne suivre qu'avec peine ses compagnons ; il marchait le dernier. Un peloton, en se détachant du premier rang de la cavalerie anglaise, pouvait s'emparer de sa personne : l'obscurité, heureusement, le protégeait. Refoulé pas à pas jusque sur le bataillon de Cambronne, ayant près de lui le maréchal Soult, les généraux Bertrand, Drouot, de Flahaut, Gourgaud et Labedoyère, qui l'entourent l'épée à la main, il s'arrête et se range, face à l'ennemi, près des premières files du carré. Cependant la cavalerie alliée approche toujours. Napoléon, jusque-là, était resté absorbé et silencieux ; il aperçoit quelques pièces à demi abandonnées : « Gourgaud ! s'écrie-t-il en se tournant vers ce général, faites tirer ! » Les pièces sont mises sur-le-champ en batterie ; elles font feu ; un de leurs boulets emporte la jambe de lord Uxbridge. Le général Gourgaud venait de tirer les derniers coups de canon de la bataille.

» Les cavaliers anglais, arrêtés un instant par cette décharge, reprennent bientôt leur marche ; quand ils ne sont plus qu'à quelques pas, l'Empereur prend la direction du bataillon, commande le feu et ordonne d'ouvrir le carré. Décidé à mourir, il pousse son cheval pour le faire entrer dans les rangs. « Ah ! Sire, s'écrie le maréchal Soult, en saisissant la bride, les ennemis ne sont-ils pas déjà assez heureux ! » Napoléon résiste, le maréchal et les généraux redoublent d'efforts et parviennent à l'entraîner sur la route de Genappe. Mais Cambronne et ses soldats restent ; ils veulent donner à leur général le temps de s'éloigner. Entourés, attaqués sur toutes les faces, aucun coup ne les entame ; leurs rangs, incessamment diminués, se resserrent ; on leur crie de se rendre ; Cambronne refuse : « *La Garde*, s'écrie-t-il, *meurt et ne se rend pas !* » ni ses soldats, ni lui, ne veulent survivre à leur défaite. La mort, bientôt, leur semble trop lente à venir. La charge est ordonnée ; les grenadiers croisent la baïonnette, et, poussant un dernier cri de *vive l'Empereur !* ils se précipitent tête baissée sur les rangs les plus épais de l'ennemi. Le choc fut terrible ; tout plia d'abord devant cette héroïque phalange. Sa course, toutefois, ne pouvait être longue : étouffé, écrasé sous le nombre, le bataillon fut anéanti. »

(A. DE VALLABELLE, *Histoire des deux Restaurations.*)

———

Nota. Un grand nombre d'officiers et de soldats se dérobèrent par une mort volontaire aux coups furieux de cette cavalerie. Des soldats, que l'épuisement ou leurs blessures empêchaient de marcher, décidés à mourir plutôt que de se rendre, se fusillèrent entre eux.

BRUANDET (Lazare).

3. Vue prise dans le bois de Boulogne.

Les figures sont de Swebach.

4. Forêt de Fontainebleau (1791).

Les figures sont de Xavier Leprince.

(Ces paysages appartiennent à M. Jolivard.)

CHARDIN (Jean-Baptiste-Siméon),

né en 1699, mort en 1779 ; élève de Cazes.

5. L'amusement utile.

Gravé par Cécile Magimel.

6. Le jeune dessinateur.

Gravé par J.-J. Flipart.

7. Un bas-relief (grisaille).

(Ces tableaux appartiennent à M. Marcille.)

8. Les bulles de savon.

(Appartient à M. Roehn père.)

CHARLET (Toussaint),

né en 1783, mort en 1845.

9. Episode de la campagne de Russie.

10. Scène militaire.

11. La maîtresse d'école.

(Ces tableaux appartiennent à M. Edmond Blanc.)

DIÉTRICK (Christian Wilhem),

né en 1712, mort en 1774 ; élève de son père.

12. Pastorale (1749).

(Appartient à M. Mailand.)

DUBAN.

13. Dessin d'architecture.

DUPLESSIS (JOSEPH-SIFRED),
né en 1725, mort en 1802 ; élève de Subleyras.

14. Portrait de Bailly.

(Appartient à M. Marcille.)

FYT (JEAN),
né en 1625.

15. Nature morte.

(Appartient à M. Roëhn père.)

GÉRARD (FRANÇOIS),
né en 1770, mort en 1837 ; élève de Brenet et de David.

16. Portrait de M. Isabey père et de sa jeune fille (Mme Cicéri).

(Appartient à M. Eug. Isabey.)

GUIDO-RENI,
né en 1575, mort en 1642 ; élève de Denis Calvart et des Carrache

17. Saint-Jean-Baptiste.

(Appartient à M. Tandou.)

HELST (BARTHOLOMÉ-VAN-DER),
né en 1613, mort en 1670.

18. Portrait de femme.

(Appartient à M. Roëhn père.)

HUET (Paul).

19. Soleil couchant.

(Appartient à M. Edmond Blanc.)

INCONNU.

20. Portrait de femme.

(Appartient à M. Mailand.)

21. Portrait de Pierre Corneille.

(Appartient à M. Duval le Camus.)

LANCRET (Nicolas),
né en 1690, mort en 1743 ; élève de Watteau.

22. Mascarade.

(Appartient à M. Darcos.)

23. Les baigneuses.

(Appartient à M. Mailand.)

LARGILLIERE (Nicolas de),
né en 1656, mort en 1746 ; élève d'Antoine Goubeau.

24. Portrait d'un magistrat.

(Appartient à M. Lacaze.)

LATOUR (Maurice-Quentin de),
né en 1705, mort en 1788.

25. Portrait d'un ecclésiastique (pastel).

(Appartient à M. Roehn fils.)

METSYS (Quentin),
Dit le Maréchal d'Anvers,
né en 1450, mort en 1529.

26. Les Marchands.

(Appartient à M. Edmond Blanc.)

MIRVELT (Michel),
né en 1568, mort en 1642 : élève de Brockland.

27. Portrait de femme.

(Appartient à M. Duval le Camus).

MOREY (Prosper).

28. Vue de l'Acropolis (aquarelle).

29. Pompéi,   (idem).

NETSCHER (Gaspard),
né en 1639, mort en 1684.

30. Portrait de Poisson dans le rôle de *Crispin*.
Gravé par G. Edelinck.

(Appartient à M. Mathieu.)

PRUD'HON (Pierre-Paul),
né en 1760, mort en 1823 ; élève de Devosge (de Dijon).

31. L'innocence préférant l'amour à la richesse.

32. Joseph et Putiphar (dessin).

33. Paysage (dessin).

34. Portrait d'enfant (idem).

35. Le roi de Rome (idem).

(Ces ouvrages appartiennent à M. Marcille,)

RIBÉRA (JUSEPE DE),

né en 1588, mort en 1656 ; élève de Francisco Ribalta et de
M.-A. de Caravage.

36. Le pied-bot.

(Appartient à M Lacaze.)

ROBERT-LEFÈVRE,

né en 1759, mort en 1831 ; élève de J.-B. Régnault.

37. Portrait de Joséphine (étude).

(Appartient à M. Marcille.)

ROQUEPLAN (CAMILLE).

38. Le lion amoureux (esquisse).

(Appartient à M. Edmond Blanc.)

RUBENS (PIERRE-PAUL),

né en 1577, mort en 1640 ; élève d'Otto Vœnius.

39. Sainte-Famille.

(Appartient à Mme A. Roëhn.)

40. Descente de croix (esquisse).

(Appartient à M. Lacaze.)

SCHNETZ (Victor).

41. Les Pélerins.

(Appartient à M. de Lariboissière.)

SECHAN (Charles).

42. Manoir d'Escoville, à Caen (dessin).

TERBURG (Gérard).

né en 1608, mort en 1681.

43. Portrait de femme.

(Appartient à M. Tandon.)

VANDAEL (Jean-François).

44. Bouquet de roses.

(Appartient à M. Marcille.)

WEENIX (Jean).

né en 1644, mort en 1719, élève de son père J-B. Weenix.

45. Paysage enrichi d'architecture.

(Appartient à MM. Chabert et Meurice.)

46. Les bergers.

47. Lièvre et gibier.

(Ces tableaux appartiennent à M. Roëhn père.)

VISCONTI.

La fontaine de la place Louvois.

WITTE.

49.   Le peintre dans son atelier.

(Appartient à M. Marcille.)

CUYP (Albert),

né en 1606.

50   Portrait d'enfant.

(Appartenant à M. Roehn fils.)

CHASSÉRIAU (Théodore),

51.   Le roi Lear.

MEISSONNIER (Ernest),

52.   Un saint.

53.   Charlemagne.

CATALOGUE

DES

OBJETS D'ART

ACQUIS JUSQU'A CE JOUR

POUR LA

LOTERIE NATIONALE DES ARTISTES.

LOTERIE NATIONALE DES ARTISTES.

ALIGNY (Théodore).

54. Paysage.

BARON (Henri).

55. Halte de Partisans.

CIBOT (Edouard).

56. Galilée dans la cathédrale de Pise.

COIGNARD (Louis).

57. Vaches à l'abreuvoir (effet du soir).

COROT (Camille).

58. Berger jouant avec une chèvre.

DAUZATS (Adrien).

59. Intérieur de la cathédrale de Tolède.

DESJOBERT (Eugène).

60. La Baigneuse endormie.

ESBRAT (Raimond).

61. Vue prise à Bougival.

GARNERAY (Louis).

62. Marine.

GIRARDET (Karl).

63. Vue de Suisse.

GIRAUD (Eugène).

64. Les quatre âges.

GUICHARD (Joseph).

65. Un Christ sur la croix (dessin).

HUET (Paul).

66. Paysage.

HOUEL (Charles).

67. Vue de Rome.

JACQUAND (Claudius).

68. La Lecture de la Bible.

JOLIVARD (André).

69. Les Baigneuses (paysage).

JUSTIN-OUVRIÉ.

70. Vue de Bruges.

LAVIEILLE (Eugène).

71. La Ferme.

LECOINTE (Joseph-Charles).

72. Le Lac.

LEFEBVRE (Charles).

73. Sainte Claire admise à adorer les stygmates de saint François d'Assises, après sa mort.

LEPOITTEVIN (Eugène).

74. Promenade en mer.

PETIT (Louis).

75. Vue de Paris.

PIGAL (Jean).

76. Les Buveurs.

POIROT (Achille).

77. Intérieur d'une Chapelle de Saint-Roch.

POTTIER (Henri).

78. Entrée de Forêt.

SÉBRON (Hippolyte).

79.   Intérieur de Saint-Etienne-du-Mont.

THÉVENIN (Mlle Caroline).

80   Le Prix de Rome.

THÉVENIN (Mlle Rosalie).

81.   Le Mendiant.

VALLOU DE VILLENEUVE.

82.   Le repos dans la campagne de Rome·

BESSON (Faustin·),

83.   André et Geneviève.

Gravure.

—

CARON (Adolphe).

101. Marguerite sortant de l'église (d'après M. Ary
Scheffer).

102. Faust apercevant Marguerite pour la première
fois (d'après le même).

DELAISTRE.

103. Une Chasseresse (d'après M. Léon Cogniet).

FORSTER.
Membre de l'Institut.

104. François 1er et Charles-Quint visitant les tom-
beaux des rois de France à Saint-Denis (d'après
le baron Gros).

LAUGIER.

105. Les Pestiférés de Jaffa (d'après le baron Gros).

LEMAITRE (Augustin-François).

106. Ruines de l'Abbaye d'Estrée.

Vue prise de la papeterie de **MM**. F. Didot.

(Planche offerte par l'Auteur à l'Association des Artistes.)

LEROUX.

107. Une Vierge (d'après Murillo).

MASQUELIER.

108. La Vierge (de la galerie Colonna, d'après Raphaël).

PRUDHOMME.

109. Scène de la Saint-Barthélemy (d'après M. Paul Delaroche).
(Planche offerte par l'Auteur à l'Association des Artistes.)

VALLOT.

110. Napoléon visitant le champ de bataille d'Eylau (d'après le baron Gros).